Halloween

This book belongs to:

_____

_____

_____

Words search

Colouring

Find the match

Drawing the other half

Dot to dot

Mazes

Sudokus +

Solutions

Jokes

WORDS SEARCH OF HORROR

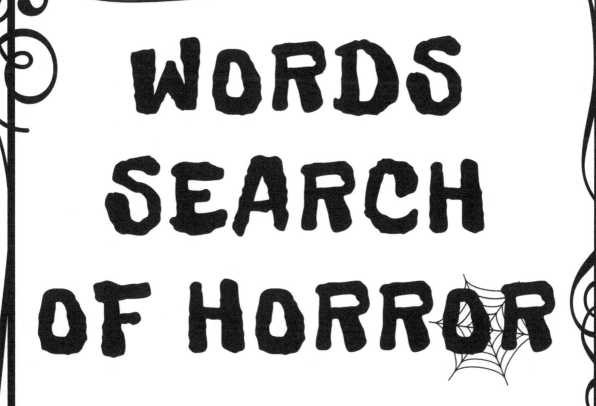

```
R Z X J Z H E I B K C D R H S
D Q I L E N G L U P P P U D O
M M M D Z S T K L P E W E T R
M V N I G M P S H I E P Z X C
C O N G T Y T N P E E N Y G I
R A B P N X I N I N L V R O È
Z P Q K I T O M B E M M J R R
S X Y N A Q C P Z H Z L C B E
R T A Z S V V G P I X D B B R
B V E K X A S N I S I O V W F
Z A G T M Z G W W W J L S X Y
E O L P E H G X V B H A D S E
F A I N H P I X T P E S G K D
C R U A X H X X V Y Z X H L A
E F L W I U I P X V D V R Q P
```

BOO!

HALLOWEEN

```
S  H  A  E  R  G  F  Q  O  R  O  Z  V  V  E
G  I  X  P  T  B  A  I  E  J  S  W  U  U  Q
O  A  N  M  U  W  U  B  Z  V  R  I  K  Z  B
B  A  Y  H  K  R  O  E  I  U  K  T  V  C  E
L  L  E  E  P  T  V  H  L  Y  Q  T  T  G  T
Y  U  P  R  C  L  A  N  Z  D  F  R  R  Y  Z
G  W  G  O  I  L  K  M  L  L  P  Q  O  N  B
F  A  D  N  T  P  E  Y  O  B  L  U  J  K  G
K  Q  C  H  I  V  M  A  S  T  Y  E  M  R  C
V  N  B  O  A  K  N  A  B  A  L  E  X  C  V
P  T  I  R  Y  S  L  G  V  E  T  N  V  U  R
E  R  G  G  K  O  O  P  S  H  M  N  S  F  G
Z  S  U  G  H  Y  Y  G  H  B  T  V  A  Q  G
U  V  V  M  D  T  Y  B  V  N  Z  A  O  F  N
Q  I  O  P  T  R  E  I  Q  V  A  D  G  N  F
```

FANTASY   GRAVE   KING

NIGHT   OCTOBER   QUEEN

SPOOK   VAMPIRE

TRICK OR TREAT

```
R F X H S A Z N N A Q K F Y C
K K U E V Z A P P L E E T A B
J V S E F J M A R J T I N S L
K J A G T S G Q D G U D E L O
X C F Q T A L V S Y I E O G
A P E B S G H A J Y D B K O G
R X T A O K W B O O R B C H T
J N Y W A C P Z O O O T M A O
Y S N L I U E G O T O D A S B
S B S Y U F G D M B L G S Q I
K G N G D P K U E X Z Q K I A
H L M E V E B R B E C S K L N
Z H T X T T X M K J C O R I R
Z G U T P Z D U N J A B K E X
L K M D X C O S T U M E P Y M
```

APPLE	**GOODIES**	**OCTOBER**
CANDY	**GOWN**	**SAFETY**
COSTUME	**HAT**	
DOORBELL	**MASK**	

HAUNTED HOUSE

```
V  O  V  O  F  E  N  M  R  W  V  Q  U  N  T
U  O  F  V  N  P  W  P  X  Z  V  R  U  M  N
Z  I  G  A  B  A  B  T  X  G  N  U  V  H  S
B  U  F  K  K  S  I  T  E  H  D  Q  P  X  L
T  Q  G  S  G  R  M  P  T  D  I  S  R  Q  X
I  D  L  H  Z  T  X  F  A  X  I  W  R  V  I
V  G  L  Z  O  S  N  R  W  P  U  Y  Y  C  G
O  P  Q  B  J  S  K  X  B  J  V  G  O  A  L
G  D  A  Z  A  N  T  V  F  E  L  Q  C  H  Z
F  D  U  I  E  W  I  T  C  H  W  U  X  P  I
V  H  B  S  N  E  E  I  P  A  W  B  J  F  M
R  J  S  E  T  T  M  X  P  Y  G  K  O  D  L
A  Q  H  E  K  M  I  S  R  U  G  J  N  C  G
N  B  N  B  R  X  L  N  X  N  B  P  H  U  M
Z  U  N  A  U  I  S  Z  G  U  C  A  Q  U  Y
```

COBWEB   **DARKNESS**   **DUST**
GHOST   **PAINTING**   **PIANO**
SLIME   **WITCH**

HALLOWEEN

```
H  F  X  U  J  O  G  N  U  D  G  T  X  I  T
W  I  M  S  I  R  B  T  J  T  O  S  Q  J  E
J  W  Z  Y  W  S  V  P  V  H  O  X  V  S  D
K  N  I  H  F  A  R  U  U  P  D  U  M  R  N
J  O  H  Z  R  D  K  K  O  F  I  E  R  E  O
O  J  X  E  A  X  D  S  A  Y  E  K  E  B  M
O  A  B  D  R  R  K  A  S  K  S  C  S  V  E
T  B  Y  R  O  G  D  U  G  O  A  Y  B  V  D
G  P  T  W  B  N  P  T  E  O  M  L  Q  O  M
G  S  K  E  L  D  A  U  G  P  D  V  W  O  L
O  D  G  M  B  C  U  M  T  S  A  D  I  O  Y
V  J  V  M  K  W  L  N  L  N  X  C  L  B  P
Z  P  T  X  S  R  S  A  H  H  Y  G  K  S  V
M  Q  G  A  U  R  Q  W  W  F  S  S  C  Q  D
A  D  S  K  B  C  P  S  H  Y  M  E  D  N  B
```

AUTUMN   BAT   CAPE
DEMON   GOODIES   OWL
SPOOKY   WIZARD

HALLOWEEN

```
Y  O  Z  T  S  M  F  B  Q  I  M  B  M  S  R
U  W  X  Z  R  P  E  V  Z  B  K  O  V  Z  Q
J  J  R  F  M  E  C  Q  P  A  J  H  O  U  I
I  I  L  R  X  J  A  X  T  H  H  M  S  R  O
V  L  Z  E  K  W  P  T  A  J  R  H  V  F  B
X  Z  U  U  A  Q  G  L  S  T  X  D  A  T  V
A  W  A  Y  D  V  A  V  I  M  Q  L  C  R  C
Z  L  K  X  P  C  E  H  O  A  L  D  A  I  T
M  Y  V  Y  H  O  S  D  R  R  V  N  C  L
R  E  K  B  J  M  I  S  S  D  F  I  D  K  T
T  B  D  U  Z  V  S  U  T  G  M  R  Y  S  H
C  B  V  U  I  D  Z  D  V  U  C  X  K  O  H
A  J  O  P  P  E  D  I  J  L  M  V  H  T  T
N  T  D  E  Y  G  L  K  C  V  E  E  E  A  M
S  W  Y  G  F  A  I  N  K  T  U  F  S  E  I
```

BROOM   **CANDY**   **COSTUMES**
FALL   **LEAVES**   **TREATS**
TRICKS

MONSTERS

```
M T A Z I T N C K X X X N U L
R B B K S N B B P Y X B A K Q
E B R V J V V F M S B B S I R
B T K G L V E I K H L Z D P J
Y P P P H D C O S Q F L M T Y
J M L B G R E M L I N S O F U
I X U M V T T U Z H B Y Z R H
P S P I D E R S E Z T L Y Y T
O Q W S I S I F Y U P G E Z G
Z Y G R T Y V G S N V G E B G
G S S D A S W S O Q R J V P F
N D K Q X V O P F R W M Y K Q
H O Y X C P J H N C B J H U J
F T J C R V M N G T I Z A B J
P M O T N A H P N A I N Q J K
```

GHOSTS   **GREMLINS**   **IGOR**
INVISIBLE   **PHANTOM**   **SPIDERS**
TROLLS

OCTOBER

```
Z  M  U  I  Z  E  S  H  A  R  V  E  S  T  W
G  N  Q  X  L  S  B  O  K  W  M  N  A  F  R
S  H  N  W  K  P  T  A  T  I  B  A  H  F  E
M  W  I  U  M  J  H  B  M  H  M  V  E  M  V
L  E  K  H  H  C  Z  Q  N  A  B  Y  Z  R  J
G  F  P  Q  I  H  S  U  L  M  F  K  U  W
H  N  M  I  F  V  U  X  J  L  F  K  U  I  K
B  Y  U  O  J  G  T  D  N  O  T  K  N  R  X
X  E  P  B  P  C  G  K  E  W  J  D  M  N  E
A  X  Q  N  W  H  B  S  R  E  Y  T  R  T  B
H  S  F  S  T  U  E  E  E  E  Q  K  I  H  U
K  N  I  A  R  A  G  J  L  N  V  O  W  S  W
C  M  I  D  X  H  R  D  O  R  S  H  I  P  W
H  D  X  K  F  G  L  V  V  N  R  Q  Y  U  X
E  X  T  K  Y  G  U  T  O  F  U  K  N  B  H
```

HABITAT   **HALLOWEEN**   **HARVEST**
PUMPKIN   **RAIN**   **SEA**
SHIP   **WINDY**

OCTOBER

```
F D J W N T C D F I I T B H P
Y Q R I R R F X Q M M Q U J Q
V R R I O R U E Q I W N Y A E
A B C P O X Z O Z U U T C E J
L K S S V F C M V P L Z C U Q
A O T J C T G M C W A M H J N
C H G D O O Q Y Y V H T J F F
N X O B S L I T R E A T Y K D
A B E M T E T V V D G A A C G
P R O L U A X E J O L R M Y G
M Y E Z M V O G N Z K E W R T
E O B V E E S L E T S R H S V
D C D A S S J L Q D H I B H A
G H M O N Y T E J O U X O I Y
M P Z G E C T M S H Y U U T E
```

COSTUME   **CROPS**   **FROST**
LEAVES   **OCTOBER**   **TENTH**
TREAT   **TRICK**

MONSTERS

```
K A K U Q N H K P R A L L X D
T Q X S U Y R W L G N I V E D
P B P M N V P R H Q M W Z X T
K E E G K O R K I N G K O N G
S W X A G M T H W F W A B M Y
T X B P X T A E E O J Z K P Z
U F J B O A B Q L J C A I W Z
Z M A P V X I F G E A S B Y F
O H O J L T M J P X K G Q W L
M A N S G A I E F J U S I C E
B T X Y N D R A C U L A Y Q D
I A Q Q F G G Q X V K F C N L
E E R U T A E R C V I Z O S R
S U T A L L I Z D O G J Z X Q
D Q W T O O F G I B S D P W F
```

BIGFOOT   **CREATURE**   **DRACULA**
GODZILLA   **KINGKONG**   **SKELETONS**
WOLFMAN   **ZOMBIES**

TRICK OR TREAT

```
P T Y Y I H M Z Y R Q U A Q N
E X P L M E V V Y A G Z W R X
T L R Q S M F S N C W W K Q D
T K R O Q K U I U I T J H C F
S G W H N H E Y U E G N S Y J
E H E J B U A L D L Y H V V D
J O D H L X N L E M T L T U J
L T P F A E C P L T O D I Q C
A B V R C J U A R O O J L T F
O S U E K M G R V R W N Z Z H
E D F K C B J V M E W E X O J
X I C F A K U S T B I W E D Y
K U U T T O Y P N H G S X N J
C H O S Y M N E P M Z R M H L
H N O C H C G O B L I N W D I
```

BAT   **BLACK CAT**   **GOBLIN**
HALLOWEEN   **NIGHT**   **SKELETON**
WIG   **YUMMY**

HALLOWEEN

```
K N D I O O D F X R Q T R A J
N W N P J P L Z C S L G H L O
M M A S T R O N A U T J O F Y
B O E U P Z P F R P B T I W Y
R O Q A N I D T N Z C N K U N
S N B A K R K R O F H C T I P
J L Q Z P T Y D H S W Z R A A
G I G I I P W F S H Z S I O A
M T K N K K A E Y T B G S C E
P W Q N T P C R A U I B H N R
K R H E P N R Y I B Y X L E G
S J V M I H J I M T O E O V B
L G L R O L U H N E I V A R H
F P P V H Z I M H C I O S Y E
D I X B I Z A R R E E N N S H
```

APPARITION   ASTRONAUT   BIZARRE
GOWN   MOONLIT   PITCHFORK
PRINCE   PRINCESS

HALLOWEEN

```
T U Q U A D R T H Y E B M Q V
L V B C G N V H Y N R O E I C
R M W O C E G R W I O O N Q O
B L J D U U L E N E I N E G L
S F J W S I N F L F Y Y U Y B
G O K U B L V U Q C G Y U G W
F D Z K I I Q R Z A D V P V V
I U X F K U D O B C E L F L N
C S V O C X P T T X U F M R Y
G H U Q A N F A I R Y N K Z P
Z Z X G B T I M C W H M I N
Y E G L M E I A A O H P J O W
G Z T R J J G E L H X A P N X
W J K N I I R C M F Q I T H S
E I P D C T W V W J O B L H V
```

ANGEL   BOO   CLOWN

ELF   FAIRY   GENIE

HAT   MAGIC

HALLOWEEN

```
X M O N S T E R K T I C S A K
A J O T C Q D T Y F L R I F A
V S E M I Q V B L X E E G A R
U T E X O N Y G J K J Q H H V
R V R G C S C R E A M C T Y O
P L F W H N I G H T M A R E U
U Y Y G D R B P Y N E T U E W
A T S Z M C X L R E J U K D V
H J V J A N T W N A Z B Q V N
P N X N H S M U A I N Y H Z G
U G D R O F J U O R N K B V O
Q Y R H R P M F T A L J N N A
N U G I A R E B N O I O A Y T
W B P J K W Q R U O E J C M C
L D M N U M D R L G G Z Z K Y
```

CANDY   GHOSTLY   MONSTER

NIGHTMARE   NINJA   PRANK

SCREAM   WARLOCK

HALLOWEEN

I	D	M	M	E	V	A	R	L	U	Q	E	A	T	I
U	S	W	P	B	E	C	C	L	H	M	I	M	N	N
H	Y	U	I	H	C	H	F	U	B	K	T	U	Q	P
M	J	G	P	C	L	A	Y	K	D	D	N	T	D	W
G	A	Y	C	E	K	L	S	S	D	D	O	D	D	O
I	I	B	M	G	R	E	O	K	Y	T	O	X	L	X
V	F	C	Q	H	D	H	D	B	E	A	M	A	V	W
Z	W	L	W	Q	W	A	E	O	X	T	P	Z	Z	T
P	P	N	J	Y	A	E	R	R	V	E	G	K	Q	O
X	O	G	P	T	R	N	S	K	O	D	B	Z	F	A
M	X	U	A	X	D	N	I	X	N	J	E	P	A	T
J	C	D	L	D	N	J	I	G	O	E	I	P	L	P
R	P	C	N	R	E	T	N	A	L	Z	S	P	L	E
Q	A	S	Q	O	B	I	R	I	M	H	Y	S	G	N
P	C	Z	A	U	E	D	D	J	R	O	L	Q	I	P

CASKET   DARKNESS   FALL

LANTERN   MOON   SKULL

SUPERHERO WICKED

HALLOWEEN

```
N A I E U F Q R S I R P U K R
B C V B N W C Z Z P U Q L D R
N R F Q A S S J L D O V P W O
Y G H T R E A T S A U T X D F
K Q N U B F V I N F Y F I I V
Y G A G E O V Y C N K R C O P
O U U Z Y D P W C O H I I R N
P K M Y Z O A H S C S G F A F
U Y O J J L P R T F K T L G F
M B C C K C C N E B U L U A D
S S O W Y V R O Q U O Y Z M W
Z U V K V M Y E W J Q Z W N E
I S B Q O D W F E B X S V N X
G K L R M K Y Y N P O L A S D
K W O D A H S W X B Y Y W M V
```

COSTUME   COWBOY   CREEPY
FAIRY   MASQUERADE   POTION
SHADOW   TREATS

HALLOWEEN

```
X B G G H E T Y R E A N H X I
Q K A T G A T I R O C D W O Z
B V V A C M Y A T K F G X O D
Y X M M X G C T Q R H L E B G
M Q Q H P S B Q T O E C P H W
U R L I V Y J F C P F A O F D
M Z X V G V J D H Z H S T K U
M R F C K M S D N M T O N E E
Y R O D M N Z Q X B M X M T S
Y H A L L O W E E N Z Y B A Q
L W Y K M Z B K F X V P G R Y
Y W K M F L E B D O W H O I R
I C K I N C T Q X D W F J P E
E T C R N L O O R U J L K Q C
V S F F W G S Y Q W Q V K B Z
```

GHOST   HALLOWEEN   KING

MUMMY   OWL   PIRATE

SCARE   TREAT

COLOR TEST PAGE

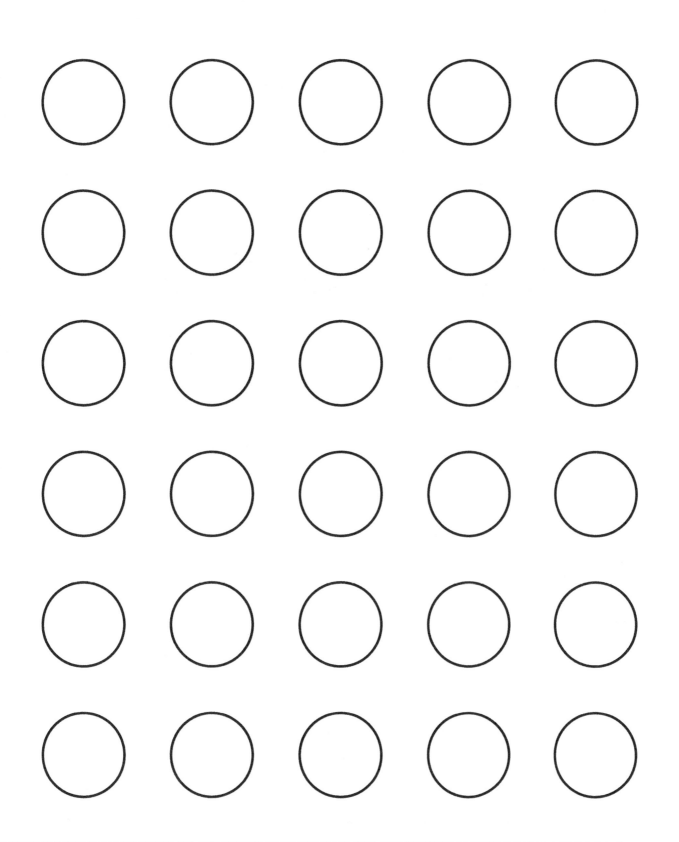

FIND THE MATCH

There are 2 pictures that are the same, the rest are different.
Circle, then color in the two that are the same.

FIND THE MATCH

There are 2 pictures that are the same, the rest are different.
Circle, then color in the two that are the same.

FIND THE MATCH

There are 2 pictures that are the same, the rest are different. Circle, then color in the two that are the same.

FIND THE MATCH

There are 2 pictures that are the same, the rest are different.
Circle, then color in the two that are the same.

FIND THE MATCH

There are 2 pictures that are the same, the rest are different.
Circle, then color in the two that are the same.

DRAWING
THE OTHER HALF
HALLOWEEN
DRAWING PAGES

HALLOWEEN DRAWING PAGES

1- Complete the pictures below by drawing the other half.
2- Finish the picture by coloring it in.

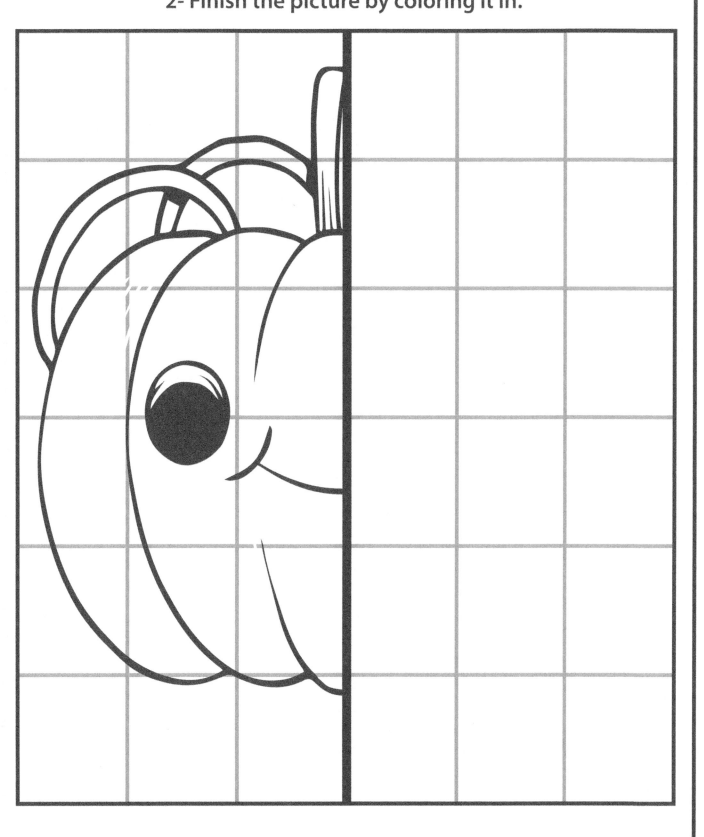

HALLOWEEN DRAWING PAGES

1- Complete the pictures below by drawing the other half.
2- Finish the picture by coloring it in.

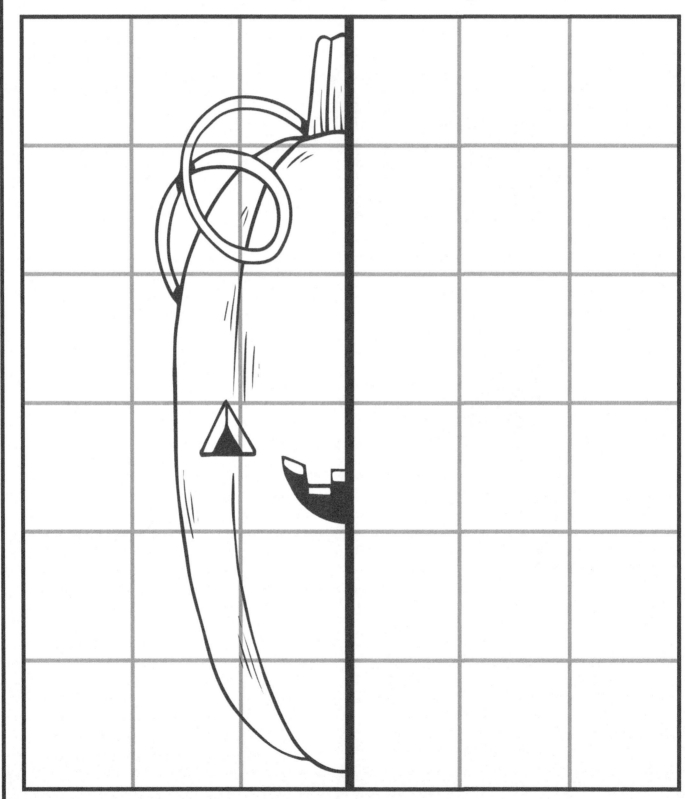

HALLOWEEN DRAWING PAGES

1- Complete the pictures below by drawing the other half.
2- Finish the picture by coloring it in.

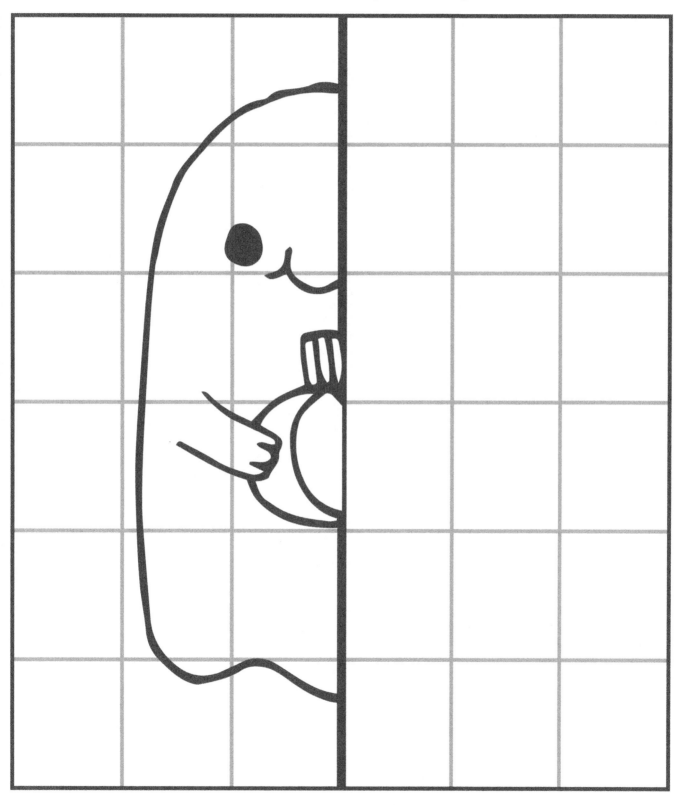

HALLOWEEN DRAWING PAGES

1- Complete the pictures below by drawing the other half.
2- Finish the picture by coloring it in.

HALLOWEEN DRAWING PAGES

1- Complete the pictures below by drawing the other half.
2- Finish the picture by coloring it in.

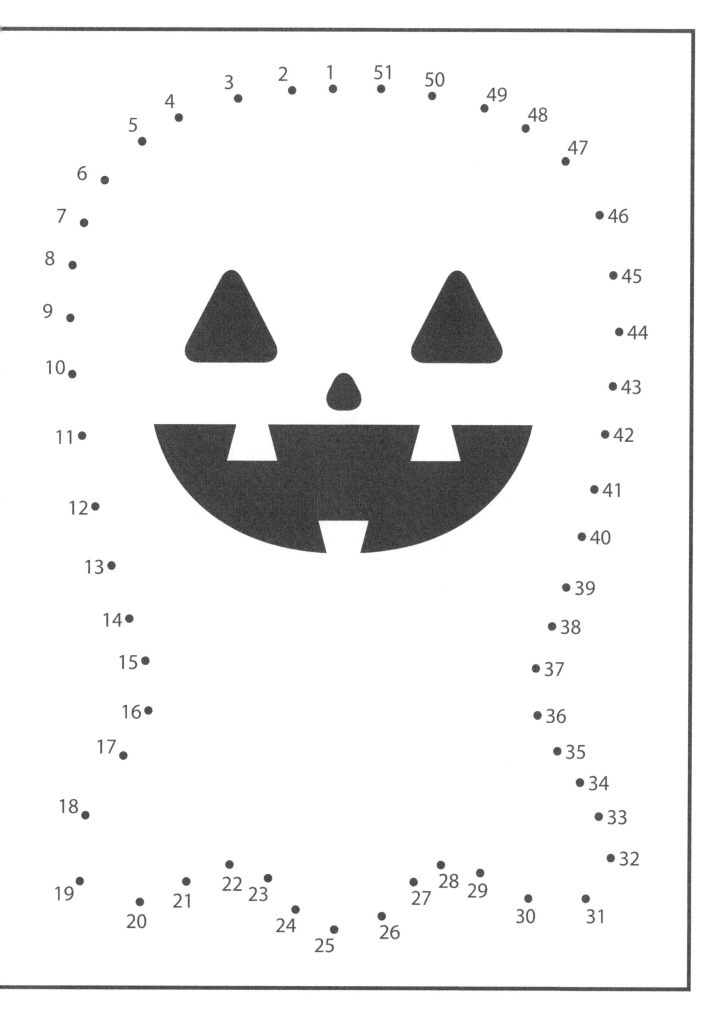

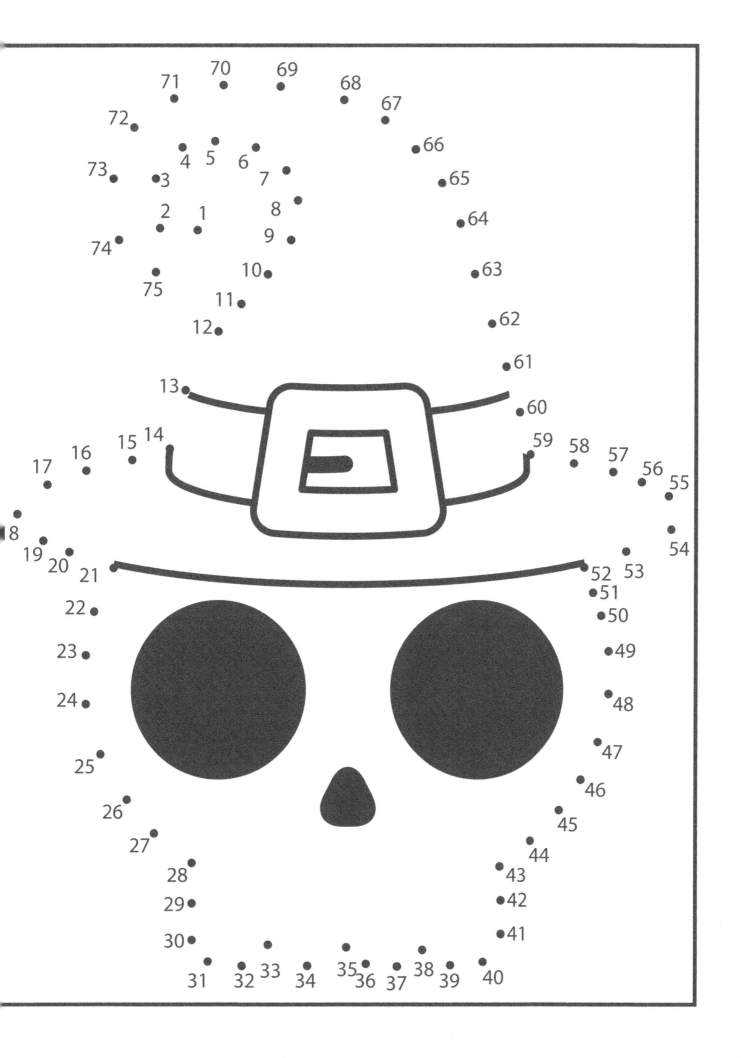

BOO DOT TO DOT

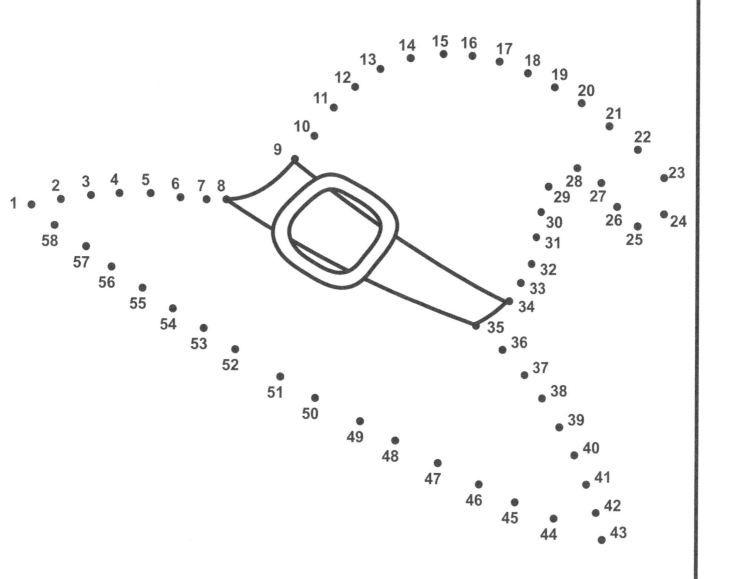

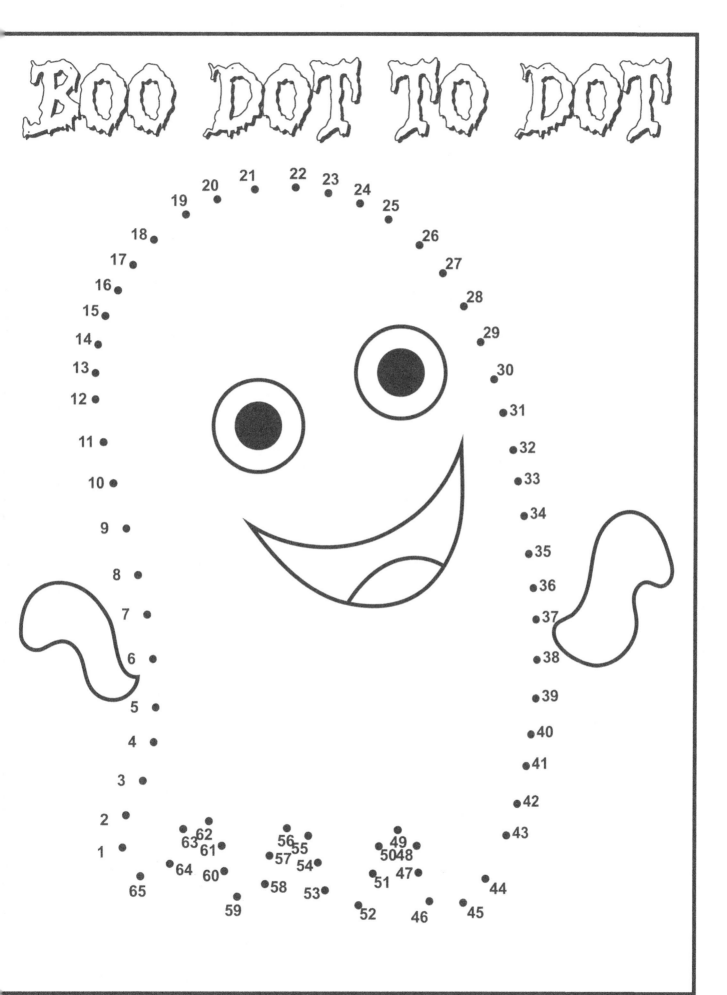

BOO DOT TO DOT

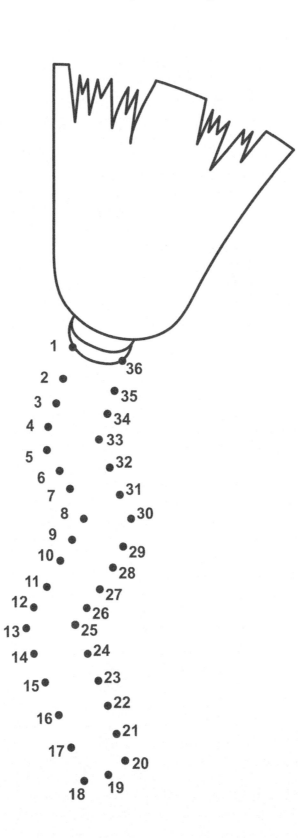

BOO DOT TO DOT

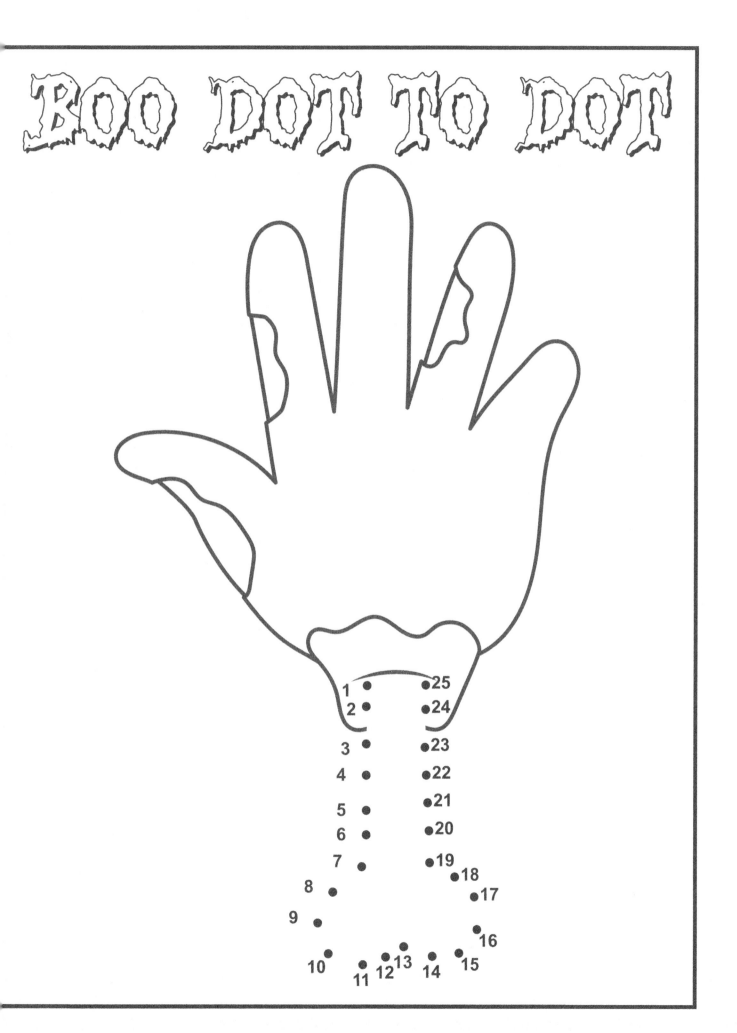

BOO DOT TO DOT

Mazes

GAMES

(I'm Lost ...)

MAZES

MAZES

MAZES

MAZES

Sudokus GAMES

(More Numbers...)

#1

	9				8	3	2	4
4			5	2	3		9	
								8
		3	6	1				2
				8				
6				7	9	8		
5								
		8		2	6	4		7
9	6	4	8				3	

#2

6	5			8				2
		3	6			1	8	
	2	8				3		
			6	9				3
	8						1	
3			1	4				
		6				5	7	
	7	9			6	2		
8			1				9	4

#3

6			7					
5				8		7		
7	4	1	9	5				
	2			6	8			9
1			3					5
9		5	8			6		
			2	1	9	5	6	
	1		4					3
			8					2

#4

		1	3		9			
3		4	6	5	7			
	5					4	3	
				8				
4	8	7	1	3	2	6		
	5							
1	9					6		
	7	6	5	4			8	
	1			7	3			

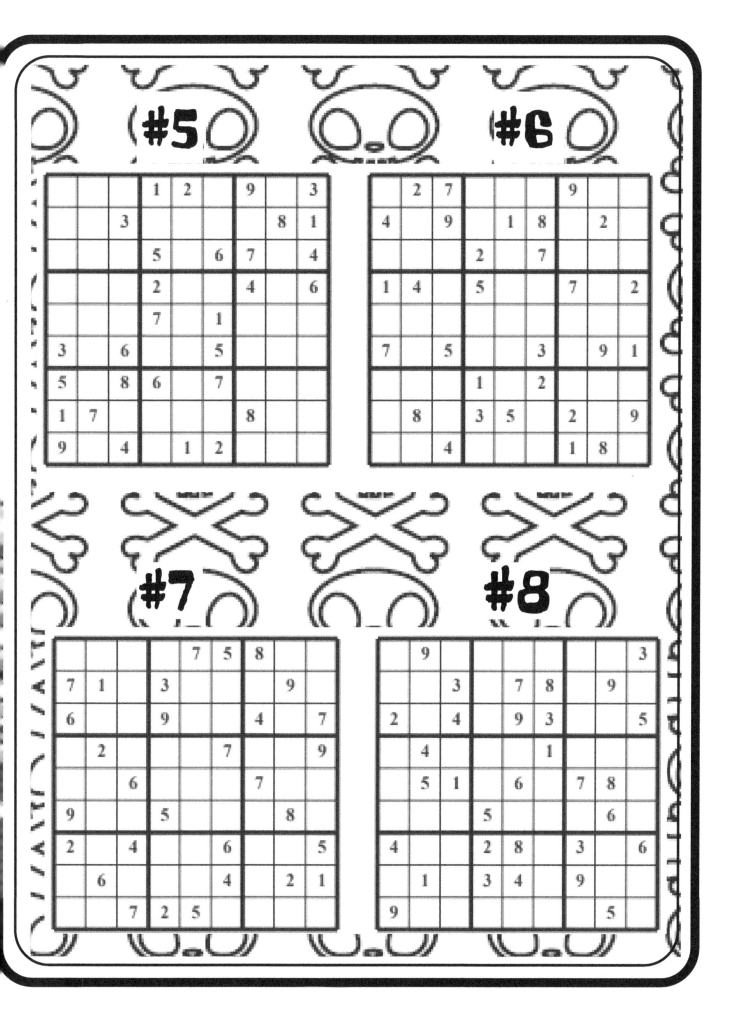

#9

	3						9	
		7				8		4
2			7	8		5		
9	4		2		8			
		2	1		3	9		
			9		6		2	7
		9		1	2			6
4		6				3		
	7						8	

#10

4	1	7	8			6		
9			2			7		1
6						3	4	
			6	7		5		
			4					
		1	2	9				
	4	9						8
7		2				1		4
		5			6	2	7	3

#11

8	7					3	1	
		6		4	7			
1		4		9				
	1	3					2	
	4	8		9		3	1	
	9					7	6	
			2			6		1
			4	5		9		
			1	9			3	2

#12

			4	9	8			5
							9	4
			5				2	1
		6		8		2		
1			5	9		3	7	6
			3		4	5		
5	1					4		
6	3							
8					6	7	9	

#13

2	5	8	3	7			4	
4				5	2			
			6			5	2	
					7			6
		2				1		
5			4					
	6	9			1			
			9	3				8
	7		2	6		4	1	9

#14

5		2						
4	7			8	2	5	1	
				3	5			
9		5			3			
3	1						5	6
			4			8		9
			5	2				
	2	9	6	1			8	5
						6		7

#15

8			7		1		5	9
		9		3				8
	5				2			4
	9	8	6			7		
		4			8	9	2	
9			1					3
6				5		4		
7	3			9		1		5

#16

			1	3			7	
			2		1		4	
	5	7			9	1		2
						6	3	
5			6		4			1
	6	2						
6			5	1		9	7	
	1		9		5			
			9			2	8	

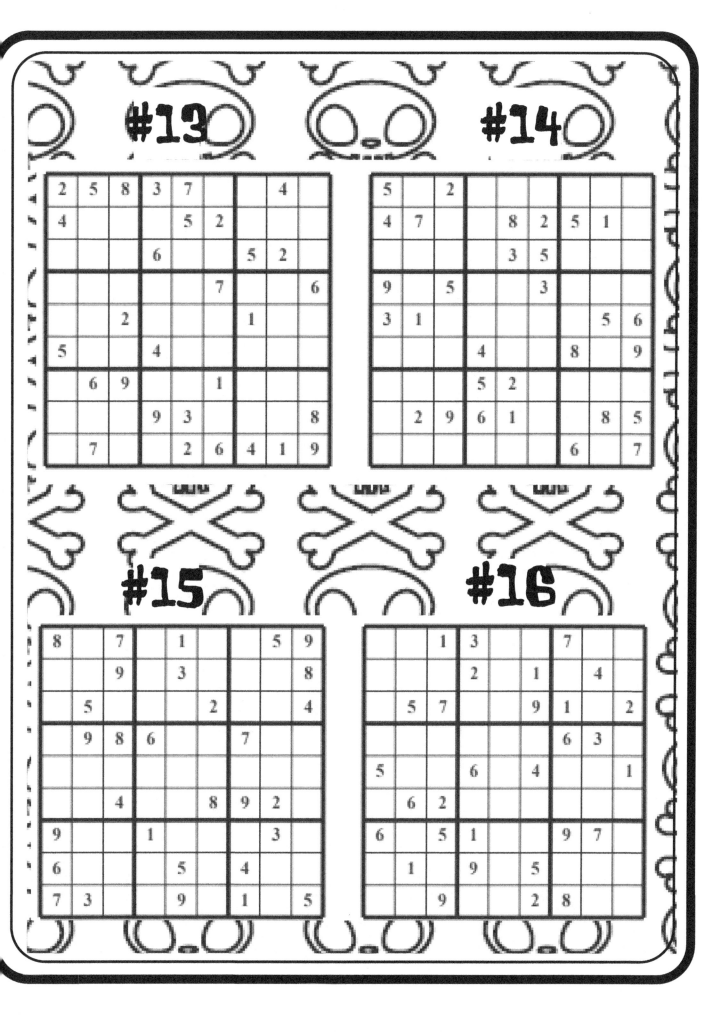

#17

4							7	
7		1				6	4	2
	2	8	4		7			
5			3					4
	3					8		
1				4				6
		2		1		5	6	
8	6	2				1		7
	1							9

#18

		8	6			1		
3					2			
1		9					4	6
7	4		8	5		3		
		3				5		
		2		6	3		1	8
	9	6				1		3
			3					5
			9			4	6	

#19

							3	4
2			3		6	1		
			2	9		6		
3			2			4	1	
7		6				8		2
	1	2			4			3
		9	4	3				
		3	7		5			8
8	5							

#20

7				1				5
9	2				6		4	
6		4				8		
1	8				2	9		
	4		7			5		
	9	3				2	1	
	1					4		7
	7		1				9	6
4				5				2

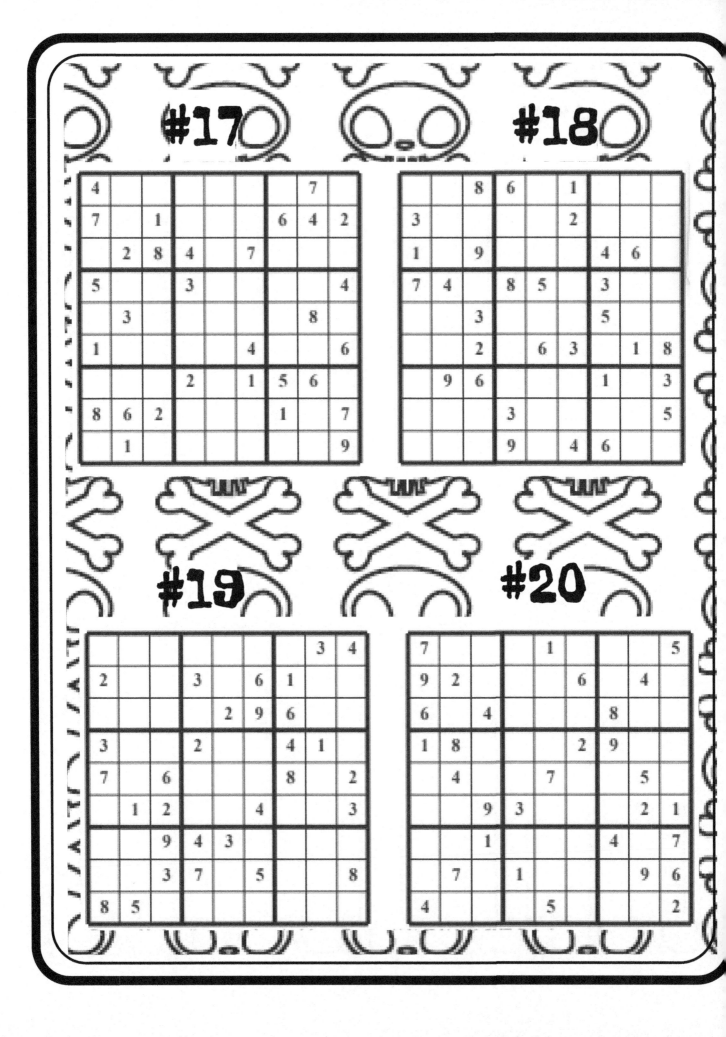

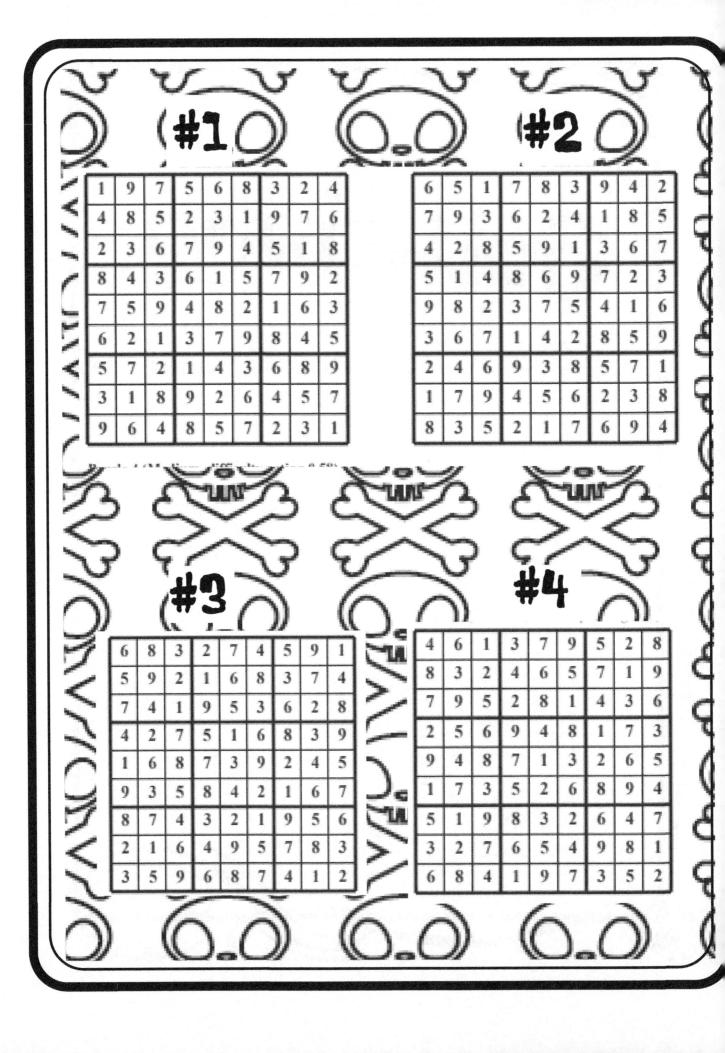

#1

1	9	7	5	6	8	3	2	4
4	8	5	2	3	1	9	7	6
2	3	6	7	9	4	5	1	8
8	4	3	6	1	5	7	9	2
7	5	9	4	8	2	1	6	3
6	2	1	3	7	9	8	4	5
5	7	2	1	4	3	6	8	9
3	1	8	9	2	6	4	5	7
9	6	4	8	5	7	2	3	1

#2

6	5	1	7	8	3	9	4	2
7	9	3	6	2	4	1	8	5
4	2	8	5	9	1	3	6	7
5	1	4	8	6	9	7	2	3
9	8	2	3	7	5	4	1	6
3	6	7	1	4	2	8	5	9
2	4	6	9	3	8	5	7	1
1	7	9	4	5	6	2	3	8
8	3	5	2	1	7	6	9	4

#3

6	8	3	2	7	4	5	9	1
5	9	2	1	6	8	3	7	4
7	4	1	9	5	3	6	2	8
4	2	7	5	1	6	8	3	9
1	6	8	7	3	9	2	4	5
9	3	5	8	4	2	1	6	7
8	7	4	3	2	1	9	5	6
2	1	6	4	9	5	7	8	3
3	5	9	6	8	7	4	1	2

#4

4	6	1	3	7	9	5	2	8
8	3	2	4	6	5	7	1	9
7	9	5	2	8	1	4	3	6
2	5	6	9	4	8	1	7	3
9	4	8	7	1	3	2	6	5
1	7	3	5	2	6	8	9	4
5	1	9	8	3	2	6	4	7
3	2	7	6	5	4	9	8	1
6	8	4	1	9	7	3	5	2

#5

6	4	7	1	2	8	9	5	3
2	5	3	4	7	9	6	8	1
8	9	1	5	3	6	7	2	4
7	1	5	2	8	3	4	9	6
4	2	9	7	6	1	5	3	8
3	8	6	9	4	5	2	1	7
5	3	8	6	9	7	1	4	2
1	7	2	3	5	4	8	6	9
9	6	4	8	1	2	3	7	5

#6

8	2	7	4	3	5	9	1	6
4	3	9	6	1	8	5	2	7
5	1	6	2	9	7	3	4	8
1	4	8	5	6	9	7	3	2
3	9	2	7	4	1	8	6	5
7	6	5	8	2	3	4	9	1
9	7	3	1	8	2	6	5	4
6	8	1	3	5	4	2	7	9
2	5	4	9	7	6	1	8	3

#7

3	4	9	6	7	5	8	1	2
7	1	2	3	4	8	5	9	6
6	5	8	9	2	1	4	3	7
5	2	3	4	8	7	1	6	9
4	8	6	1	9	2	7	5	3
9	7	1	5	6	3	2	8	4
2	9	4	8	1	6	3	7	5
8	6	5	7	3	4	9	2	1
1	3	7	2	5	9	6	4	8

#8

1	9	7	6	5	2	8	4	3
5	6	3	4	7	8	2	9	1
2	8	4	1	9	3	6	7	5
7	4	6	8	2	1	5	3	9
3	5	1	9	6	4	7	8	2
8	2	9	5	3	7	1	6	4
4	7	5	2	8	9	3	1	6
6	1	8	3	4	5	9	2	7
9	3	2	7	1	6	4	5	8

#9

5	3	8	4	6	1	7	9	2
6	9	7	3	2	5	8	1	4
2	1	4	7	8	9	5	6	3
9	4	1	2	7	8	6	3	5
7	6	2	1	5	3	9	4	8
8	5	3	9	4	6	1	2	7
3	8	9	5	1	2	4	7	6
4	2	6	8	9	7	3	5	1
1	7	5	6	3	4	2	8	9

#10

4	1	7	8	3	5	6	9	2
9	5	3	2	6	4	7	8	1
6	2	8	9	1	7	3	4	5
2	3	4	6	7	8	5	1	9
5	9	6	1	4	3	8	2	7
8	7	1	5	2	9	4	3	6
3	4	9	7	5	2	1	6	8
7	6	2	3	8	1	9	5	4
1	8	5	4	9	6	2	7	3

#11

8	7	9	6	2	3	1	5	4
5	2	6	1	4	7	8	9	3
1	3	4	5	8	9	2	7	6
7	1	3	8	6	5	4	2	9
6	4	8	7	9	2	3	1	5
2	9	5	3	1	4	7	6	8
9	5	7	2	3	8	6	4	1
3	6	2	4	5	1	9	8	7
4	8	1	9	7	6	5	3	2

#12

2	6	1	4	9	8	3	7	5
7	5	8	3	1	2	6	9	4
3	9	4	5	6	7	8	2	1
4	7	6	1	8	5	2	3	9
1	8	5	9	2	3	7	4	6
9	2	3	7	4	6	5	1	8
5	1	7	8	3	4	9	6	2
6	3	9	2	5	1	4	8	7
8	4	2	6	7	9	1	5	3

#13

2	5	8	3	7	9	6	4	1
4	3	6	1	5	2	9	8	7
7	9	1	6	8	4	5	2	3
9	4	3	2	1	7	8	5	6
6	8	2	5	9	3	1	7	4
5	1	7	4	6	8	3	9	2
8	6	9	7	4	1	2	3	5
1	2	4	9	3	5	7	6	8
3	7	5	8	2	6	4	1	9

#14

5	3	2	1	4	6	7	9	8
4	7	6	9	8	2	5	1	3
8	9	1	7	3	5	2	6	4
9	4	5	8	6	3	1	7	2
3	1	8	2	7	9	4	5	6
2	6	7	4	5	1	8	3	9
6	8	3	5	2	7	9	4	1
7	2	9	6	1	4	3	8	5
1	5	4	3	9	8	6	2	7

#15

8	2	7	4	1	6	3	5	9
4	6	9	7	3	5	2	1	8
1	5	3	9	8	2	6	7	4
5	9	8	6	2	1	7	4	3
2	7	6	3	4	9	5	8	1
3	1	4	5	7	8	9	2	6
9	4	5	1	6	7	8	3	2
6	8	1	2	5	3	4	9	7
7	3	2	8	9	4	1	6	5

#16

2	4	1	3	5	6	7	9	8
8	9	6	2	7	1	5	4	3
3	5	7	4	8	9	1	6	2
1	8	4	5	2	7	6	3	9
5	7	3	6	9	4	2	8	1
9	6	2	8	1	3	4	5	7
6	2	5	1	3	8	9	7	4
7	1	8	9	4	5	3	2	6
4	3	9	7	6	2	8	1	5

#17

4	9	3	1	6	2	8	7	5
7	5	1	9	8	3	6	4	2
6	2	8	4	5	7	9	1	3
5	7	6	3	1	8	2	9	4
2	3	4	6	9	5	7	8	1
1	8	9	7	2	4	3	5	6
9	4	7	2	3	1	5	6	8
8	6	2	5	4	9	1	3	7
3	1	5	8	7	6	4	2	9

#184

5	7	8	6	4	1	2	3	9
3	6	4	7	9	2	8	5	1
1	2	9	5	3	8	4	6	7
7	4	1	8	5	9	3	2	6
6	8	3	1	2	7	5	9	4
9	5	2	4	6	3	7	1	8
4	9	6	2	7	5	1	8	3
2	1	7	3	8	6	9	4	5
8	3	5	9	1	4	6	7	2

#19

9	6	5	8	7	1	2	3	4
2	8	7	3	4	6	1	5	9
4	3	1	5	2	9	6	8	7
3	9	8	2	6	7	4	1	5
7	4	6	1	5	3	8	9	2
5	1	2	9	8	4	7	6	3
1	7	9	4	3	8	5	2	6
6	2	3	7	1	5	9	4	8
8	5	4	6	9	2	3	7	1

#20

7	3	8	4	1	9	2	6	5
9	2	5	7	8	6	1	4	3
6	1	4	2	3	5	8	7	9
1	8	7	5	6	2	9	3	4
3	4	2	9	7	1	6	5	8
5	6	9	3	4	8	7	2	1
2	5	1	6	9	3	4	8	7
8	7	3	1	2	4	5	9	6
4	9	6	8	5	7	3	1	2

JOKES

HAHAHA

Boooo

Halloween Jokes

How do vampires get around on Halloween?

On blood vessels.

Halloween Jokes

Why did the Headless Horseman get a job?

He was trying to get ahead in life.

Halloween Jokes

How can you tell when a vampire has been in a bakery?

All the jelly has been sucked out of the jelly doughnuts.

Halloween Jokes

What do ghosts wear when their eyesight gets blurred?

Spooktacles.

Halloween Jokes

What would be the national holiday for a nation of vampires?

Fangs-giving!

Halloween Jokes

What's a zombie's favorite cereal?

Rice Creepies.

Made in the USA
Monee, IL
21 October 2021